사람들은 해변에 와서
발자국을 버리고 간다

송연숙 시집

상상인 시선 026
사람들은 해변에 와서
발자국을 버리고 간다

초판 1쇄 발행 | 2021년 11월 12일
초판 2쇄 발행 | 2022년 01월 13일

지 은 이 | 송연숙
북마스터 | 김유석 최지하 이선애 마경덕
뉴크리에이터 | 이만섭

펴 낸 곳 | 도서출판 상상인
펴 낸 이 | 진혜진
등록번호 | 제572-96-00959호
등록일자 | 2019년 6월 25일
주   소 | 06621 서울시 서초구 서초대로74길 29, 904호
전화번호 | 010-7371-1871
전자우편 | ssaangin@hanmail.net

ISBN 979-11-91085-35-8 (03810)

값 10,000원

* 이 책은 강원도, 강원문화재단 후원으로 발간되었습니다.
* 이 책은 전부 또는 일부 내용을 재사용하려면 반드시 저작권자와 도서출판 상상인의 동의를 받아야 합니다.
* 이 책은 교보문고와 연계하여 전자책으로도 발간되었습니다.

사람들은 해변에 와서

발자국을 버리고 간다

* 저자의 의도에 따라 작품의 보조 동사와 합성 명사는 띄어쓰기가 달라질 수 있습니다.

* 본문 페이지에서 한 연이 첫 번째 행에서 시작될 때에는 〈 표기를 합니다.

시인의 말

하늘 한 귀퉁이가 시끄러운 걸 보니
겨울 철새들이 벌써 날아왔나 보다

하늘을 바라보며 귀 기울이는 시간은
새벽도 좋고
한낮도 좋고
찬 별이 뜨는 밤은 더 좋다

수시로 변화하는 하늘과
세상의 풍경 속에
서 있는 나

이팝나무꽃 피는 계절을 기다리며

2021년 가을
송연숙

■ 차 례

1부 압박하는 곳마다 꽃들이 핀다

주인공	013
장미	014
실타래	016
나비뼈	018
벚꽃 엔딩	020
발소리들	022
이파리 부엉이	024
옆 사람	026
꼬리의 심리학, 갈대론	028
시계꽃	030
웃는 사과	032
몇 모금의 숨	034
달의 체중계	036
셈 치기	038
포스트잇	040

2부 뒤늦은 곳에서 발견되는 일

판	045
사람들은 해변에 와서 발자국을 버리고 간다	046
제발, 제발	048
푸들푸들	050
난처	052
이날 이때까지	054
물개의 유서	056
오대산 가는 길	058
사각지대	060
변검	062
마드리드행	064
생각의 사투리	066
무이네 사막	068
가우디풍으로 짓는 집	070
학교의 봄	072

3부 허공에 집을 짓는 거미처럼

그늘	075
물의 울타리	076
철원평야	078
주름잡다	080
도피안사	082
물결은 뚜루뚜루 운다	084
새들의 산책	086
무색의 짝, 무넘이	088
하늘 한 장, 줍다	090
꺽지처럼 풀어 놓다	092
허공을 개봉하다	094
벌판	096

4부 새를 키우는 이유

턴테이블 돌리는 사내	101
손의 감정	102
새를 키우는 이유	104
들깨 모종	106
사혈	108
삼각별	110
생명의 나무	112
건반악기	115
베르그송의 시간	116
골무 신봉자들	118
사이프러스 나무	120
나비경첩	122
그 많던 우물들	124
해설 _ 풍경의 부피와 질감	127
이재복(문학평론가, 한양대 교수)	

1부

압박하는 곳마다 꽃들이 핀다

주인공

아파트 화분에 풀씨가 날아들었다
2월 내내
안개처럼 피고 지고
눈꽃처럼 피고 지는 풀꽃
뽑지 않았다
잡풀, 너도
한 번쯤은 주인공 해라

장미

압박하는 곳마다 꽃들이 핀다
목욕탕의 순한 어깨들
씻고 다듬고 썰던 그 회전근에
장미가 핀다

유월의 담장엔
겉으로 흐르는 피의 겹겹들
고양이 걸음처럼 가볍게 담장을 디디며
계절이 붉게 번져나간다
아름답다, 라는 말을 순환시키는
저 공중의 꽃들

늘 한결같은 자세의 담장
가시를 밟고 사금파리를 말아 쥐고
파란이 담을 넘는 한여름 어깨 위에
수십 개의 부항 자국이 붉다

거울 속, 흐려지는 어깨 위에
꽃송이들 흘러내린다
엄마는 어린 내게 부항 뜨는 법을 가르쳐 준 후
틈틈이 등을 돌려대곤 하셨는데

불 부항의 유리컵 안에서
만개하던 꽃송이들
꽃잎에선 신음처럼 붉은 향기가 뚝뚝 떨어져 내렸다
꽃잎이 붉을수록 나는 뭔가 큰일을 한 것 같아
철없이 흥얼거리기마저 했는데

담장처럼 무너지는 그 어깨 껴안고
가만가만 몸 흔들며 노래 부르고 싶은 계절
장미성운에서 빛나는 별도 하루아침 이슬 같기만 하다

오뉴월 담장마다
오뉴월 거리마다
가시의 틈, 붉다

실타래

식물들의 집착은 좁다
그 좁은 집착이
꽃을, 이파리를, 열매를 속인다

분갈이하려고 식물을 들어올리면
하얀 뿌리들이 화분 모양으로 얽히고설켜 한 덩어리다
실타래 같은 뿌리의 한 생이란
속이고 또 속는 일이다

실의 끝을 물고 들어간 미로에서
화분은 이동하는 계절
반려伴侶 하는 계절이다

공중에 뿌리를 들어올리고
돌돌 감긴 제자리걸음을 들여다보다가
내가 할 수 있는 일이란 것이
고작, 조금 더 큰 계절로 계절을 옮겨주는 것
손바닥이 빨간 목장갑의 손금에서
흙을 털어 내는 것
나비가 없는 세상을 창가로 옮겨주고
어느 언덕쯤이라고

시냇물이 흐르는 양지쪽이라고
식물을 속이고
괜찮다, 괜찮다
꽃 피우라 독촉한다

이름을 많이 소유한 사람일수록
비좁은 사람일 것이다
뿌리가 뿌리의 발목을 감듯
잔뿌리 자르고 분갈이를 하듯
한 이름이 수많은 이름을 버리고 떠나갔다
작고 따뜻한 화火분에 담겨서

나비뼈

 브라질에서 나비가 날갯짓하면 텍사스에서 토네이도가 일어날까?*

 두개골 X-레이에 나타난 노랑나비 한 마리, 그 나비뼈**를 바라본다. 나비는 뼈대 있는 가문을 원했고, 나는 뼈대 있는 가문 따윈 버리고 싶었다. 계절의 페이지를 되돌려 딱 한순간, 나비가 날갯짓하는 순간으로 돌아간다면 나는 그 어느 시점으로 돌아갈까? 돌아가서 노란 날개 팔랑팔랑 흔들어 토네이도 치는 오늘을 다시 만들까?

 꽃을 보면 눈을 지그시 감고 코에 먼저 향기를 건네주었다. 맛있는 음식 앞에선 코를 벌름거리며 향을 먼저 먹었다. 내 코안에 나비가 있다는 것 그때 알았다. 뼈대 있는 가문을 얻기 위해서는 날개를 버려야 한다는 것도.

 찢어진 파지들이 지구의 판이 되고 그 판 사이로 나비가 날아오른다. 차가운 공기를 따뜻하게 데워 들숨으로 들이고 들숨이 다시 날숨이 되는 시간, 걸어온 길로 되돌아가는 여행은 나비굴을 통과해 나비가 되는 시간이다. 시공을 넘어가는 장엄을 위해, 나비를 위해, 카오스의 굴 같은 검은 페이지를 나는 담담히 넘기는 것이다.

* 에드워드 로렌츠의 나비효과.
** 콧속에 들어온 공기를 따뜻하게 데우는 역할을 하는 뼈와 구멍.

벚꽃 엔딩*

반창고를 떼어내자 하얀 꽃잎이 우수수 떨어져 내린다
깊게 패인 뒤꿈치에서 벚꽃처럼 피어난 각질
장례지도사는 임종의 꽃잎을 휴지통에 던져 넣는다

소비가 수입의 한계점을 넘어갈 때 눈동자가 붉어지던 꽃

수없이 많은 꽃잎이 힘없이 떨어지듯 절뚝이며 떨어지던 여자, 손톱이 새까매지도록 알몸의 창문을 두드리던 여자, 땅거미가 갉아먹은 머리 대신 열무 단을 이고 돌아오던 여자, 조금만 기울여도 눈물이 쏟아지는 항아리 같은 여자, 넘어가지 않는 삶의 조각을 맹물 한 그릇으로 넘기며 가슴 쓸어내리던 여자, 나무 기둥처럼 터지고 갈라진 살肉의 틈에서 점이 되고, 원이 되고, 빛이 되어 흘러나오는 여자

같은 방향에서 해가 뜨고 지듯
같은 계절에서 피고 지는 꽃
하얀 꽃잎이 떨어지는 그녀의 손을 면포처럼 덮는다
공지천 벚꽃 터널 사이로 처음이자 마지막 소풍을 떠나는 여자
함께 걸었던 길은 우리를 묶어놓은 끈

풀리지 않는 매듭이 상처의 티눈이라는 것을 알았을 때
우리의 시간은 거기서 멈추어 섰다

* 인디 밴드 '버스커 버스커'의 노래 제목 차용.

발소리들

어중간한 층에서 몇 년 살다 보면
나도 모르게 발소리 감별사가 된다
발에 깃털을 단 고양이 두 마리와
리듬이 없는, 발소리가 사는 집
이 집엔 낯익기까지 한
위층의 발소리가 함께 산다

층수 잃고 떠도는 발소리가
피아노 소리로 들리고
잠결을 달려오는 심장 속엔
아직도 어린아이들 몇쯤
쿵쾅거리며 뛴다

나는 발소리에다 사이즈 붙이는 일을 해보기로 한 것이다 165, 230, 265의 발소리부터 지름 5cm의 다족류 발소리까지 쿵쾅거리는 피의 보폭에 하나둘 스티커를 붙이다 보면 빗방울처럼 떨어지는 눅눅한 발소리를 느낀다

물방울 같은 발가락을 쓰다듬으며
입맞춤해 주지 못한 발
꽃잎 같은 맨발의 발소리

시간과 공간의 층 사이 옮겨 다니며
얼굴 없는 교류를 하는 시간

태어나지 못한 발소리가
빗물의 보폭으로
침대 위를 뛰어다닌다

이파리 부엉이
— 르네 마그리트의 공포의 동반자

부엉이는 한 장의 나뭇잎
밤눈을 밝히고 달을 살피는
떡갈나무 이파리 중 하나일 것 같다
이파리들은 저희들이 다
새의 일종이라 생각할지 모른다
아니, 최면을 걸며
새의 목소리로 노래하고 있다
후박나무나 오동나무같이
넓은 이파리들이 있는가 하면
갓 돋아난 연두처럼 재잘대는 참새들

나뭇잎은 날아다니는 것을
새들에게 배우려 했을지 모른다

완벽한 위장술로
부엉이가 되고 싶은 잎새들
부엉이가 되어 밤하늘을 날고 싶은 잎새들
날고 싶은 이파리라니
벌레가 숭숭하게 파먹은 가슴은 한 장의 나뭇잎
공포가 동반하는 것은 어둠이 아니라
이파리들처럼 자라는

희망이었는지 모른다
이파리가 자랄수록 함께 자라나는
뿌리였는지 모른다

새싹마다 눈이 동그란
아기 부엉이들이 자꾸 태어나는 밤
잎맥이 여러 갈래로 찢어 놓은 가슴
한낮과 한밤을 휘젓는
바람의 토론을 듣는다

옆 사람

검은 사람 하나를 밟고 있다
내 앞에서 혹은 옆과 뒤에서
하루를 실천하는 사람

햇살에 기생하는 사람이 분명하다
햇살만 보면 몸을 꺾기도 하고
바닥에 머리를 끌기도 하며 걷는 것이다

처음 그림자를 발견한 아이가
그 사람을 떼어내려
발 구르며 울음 터트리는 것을 보았다

같은 공기를 마시고
같은 눈물을 닦으며
시시포스의 돌처럼 돋아나는 사람
키를 줄이고, 늘리고, 밟히며
빛을 조롱하는 사람
어쩌면 그는 길 위에 무수하게 파인
'나'라는 함정이 아닐까

어쩌다 신발을 벗고

어둑한 집으로 들어갈 때면
내 신발을 지키고 있는 사람
어떤 날은 발걸음이 왜 그리 무거웠던지
앞축이 벌어진 신발을 버릴 때도
왜 그토록 망설였던지 알 것 같다

단 한 번도 햇살 밑에서는
똑바로 서 보지 못한 그를
옆 사람으로 앉히려 나도 앉는다

꼬리의 심리학, 갈대론

꼬리들도 모이면 담대해지는 법이다
공지천 가를 걷다 보면
활짝 핀 가을의 꼬리들
도망갈 생각도 없이 하얀 꼬리를 흔든다

꼬리를 내리거나
꼬리를 치거나
꼬리를 숨기거나
꼬리의 감정을 사람들도 가진 게 분명하다

꼬리의 대명사
꼬리가 아홉 개 달린 여우처럼
꼬리에는 본색이 들어 있기도 하다
존재가 들어 있다는 말이다
길어서 밟힌 꼬리에는 공룡 같은 몸통이 달려 있고
쥐꼬리만 한 월급에는 존재 이유인 가족들이
감자알처럼 매달려 있다

존재란 얼마나 하잘것없는 것인지
꼬리를 자르는 도마뱀처럼
자르거나 잘려 본 적 있던

나라는 존재
존재란 또 얼마나 끈질긴 것인지
잘린 자리에서 차갑게 돋아나는
너라는 존재

꼬리에 꼬리 물기 좋아하는 생각들
생각의 꼬리를 입에 물고
산책하다 보면
꼬리를 물고 날아오르는 쇠기러기들 보인다
잘려 본 적 있는 나라는 존재도
한 번쯤은 저렇게 날아오를 수 있을 것만 같은데
보름달을 관통하는 날개일 것 같은데

활짝 핀 가을의 꼬리들
가을바람을 홀리며 천변川邊의 마음을 흔들고 있다

시계꽃

피고 지는 건 모두 정각의 일이다
계절의 시간에 의탁하는
저 시계꽃에는 저만의 시간이 있다
분초도, 괘종소리도 없이
딱 피고 지는 두 번의 시간

그 두 번의 시간을 두고,
꽃의 시간을 두고, 발령지로 이사를 했다
주인이 쫓기듯 몸만 떠난 집에서
남은 물을 빨아올리며
꽃들은 잎을 떨구거나 말라가겠지
바람이 없으니 흔들릴 일도 없겠지
의자처럼 앉아
기다린다는 생각도 없이
사라지는 시간을 꺾고 있는 것이
꽃의 시간

따지고 보면
세상의 모든 일이 시계꽃 같다
초침과 분침과 시침을 몸에 새겨놓은 시계꽃
시계꽃의 시간은 몸으로 가는 것이다

〈
불시에 서리를 맞거나 흰 눈을 맞는 꽃들은
시간이 없는 꽃들
할 수만 있다면 꽃의 시간에
손가락처럼 아름다운 약속을 정하고
모든 만기의 시간을 모아 놓고
활짝, 두 손을 털 듯
홀가분해지고 싶은 것이다

웃는 사과

아이가 한 입 베어 먹고 간
사과가 와삭, 하고 웃는다
문득 웃음의 맛을 생각하다
사과의 신맛을 떠올린다
사과의 투정과 뾰족한 말대꾸와
즐거운 뺨을 떠올린다

우는 입으로, 우울한 입으로 베어 먹어도
사과는 웃는 표정이 된다
그건 한 입으로 울고, 웃고 토라지는 일이 가능한 일처럼
불가능한 사과의 표정이 된다

  웃는 사과를 책상 위에 놓아두기로 한다 사과는 두 개의 밧줄에 매달려 그네를 탄다 사과의 볼을 만지던 햇살이 노란색, 보라색 꽃잎을 피운다 뱀의 뒤꿈치처럼 새빨간 사과, 양동이에 물을 퍼 담으며 아삭아삭 웃기도 한다 웃음을 손에 쥔 껍질이 안으로 말려 들어가면 곱슬머리 바람이 불룩하게 흘러내린다

  옷자락에 쓱 문질러
  와삭 베어 문 사과의 즙이 손가락 사이를 타고 흐른다

별똥별 같은 씨앗이 무릎 위로 떨어진다
입꼬리가 올라간 사과는 웃으면서 늙고
쪼글쪼글해지고 한쪽 보조개가 반점같이 썩을지도 모른다
복 복福 자의 금딱지를 임종처럼 떼어내도
사과는 웃는다
웃으면서 향긋한, 썩는 냄새를 풍긴다

몇 모금의 숨

바람이 빠져
쭈글쭈글한 풍선을 보며
몇 모금의 숨을 생각한다

부풀수록 가벼워지는 안쪽
안쪽으로 불어넣은 숨이 바깥으로
팽팽하게 부푸는 동안
입과 항문이 같은 곳이었다는 것을 알았을까

안인지 바깥인지 모를
풍선의 얇은 부피
바깥이 내 속에 들어와 부풀어 오르는 숨은
아- 너무 가벼워,
자꾸 떠올라 발을 띄운다
입구를 잘 묶어두지 않으면
온몸을 털어내고 날아가기 일쑤다
방향도 도착점도 가늠할 수 없는 허공이
방정스럽기만 하다

남의 숨이란 결국, 오래가지 못하는 법

숨이 숨을 막아 눈雪뭉치처럼 명치끝에 걸린다
제 숨이 없는 헛배들의
헛헛한 결말

공기의 파동을 내 안으로 들이마신다
누구나 다 하는 일이지만
결국, 누구나 다 못하게 되는
숨의 흰 날개들
숨이 끊어진 뒤에도
한동안 배가 부르던 망자는
온전히 굳은 저의 숨이 있었다

달의 체중계

시간은 어떤 저항도 뚫고 돈다
우주를 움직이며 무한해진다
포기라는 말과 가늠이라는 말도
다만, 시간 위에 앉은 먼지의 두께
세상의 어떤 동그란 것들도
시간을 멈춰 세운 적 없다

달의 뒷면에는 쓰다 버려둔
반달 모양의 언덕들이 있다고 한다
비행기 무덤처럼 비행을 멈춘 시간들이
가만가만 떠오른다고 한다
가벼운 달은 높고
무거운 달은 산등성이를 아슬아슬 지나간다
그때마다 내가 올라선 체중계의 바늘이
다른 숫자를 가리킨다

떨면서 바늘이 멈춰서는
곡면曲面들
달이 달의 뒷면으로 버려지듯
꽃잎이 누웠다 나간 방
속절없이 또 이파리를 삼킨다

〈
반달 모양의 사구가 때론
별이 되기도 한다
지금 내가 올라선 달의 체중계는
반은 버리고 반은 채우는 중이다
버리면서 무거워는 달
달은 제자리를 돌려 감다 풀기를 반복한다

수많은 꽃의 시간들
저항이었다는 생각이 든다

셈 치기

없는 셈 치고 나면
없던 곳이 불룩해진다
탁탁 손을 털고 나면
불끈, 두 주먹 안엔 꽉 쥔 각오가 가득하다

받을 셈과
지급해야 할 셈이 같다면
그건 홀가분한 마음을 얻는 일
앞으로 남고 뒤로 밑지는 셈법엔
눈치 빠른 숫자들과
눈치 없는 숫자들이 뒤섞여 있다

자연의 계산법은 평균치를 따지는 일
작년, 가지 휘어지던 자두나무가
올해는 잎만 무성하다
해걸이 하는 유실수들의 셈법엔
그들만의 평균값이 숨어 있는 것이다

아마 올해의 자두나무는
있는 셈 치기를 해서 저렇게 가벼운 게 아닐까
앞산이 내 것이라

뜬구름이, 별이, 오늘 산책한 호수가
모두 내 것인 셈 치면
쉼표 같은 호수가 우묵하게 들어앉고
자두의 신맛이 입안 가득 고여 오기도 하는데

셈 치기는 마음의 셈법
있는 셈 치고 나면
없던 곳이 두둑해지기도 한다

포스트잇

일과 함께 피고 일과 함께 지는 꽃이 있다

모니터 가장자리에서 줄 맞춰 피어나는 꽃
계절을 의심하는 꽃들에겐
빨간 별을 붙여주고
형광색 칠을 하며 헐거운 기억에 주문을 건다

참석해야 할 회의 시간
날짜를 지켜야 할 공문서
원고의 마감일, 모두
꽃잎으로 들렀다 간다
꽃들은 늘 시간에게 해결의 열쇠를 맡겨 놓고
재촉하고 점검하는 버릇이 있다
이 또한 지나가리라 배짱을 부리기도 한다

몇 개의 시간을 떼어내도
끈적이지 않는다
한때 무언의 약속이거나 책임이었던
시간이 머문 자리는 흔적이 없다
홀가분하다
그래서 빈자리는 늘 새로 피는 꽃들로 분주하다

〈

그랬으면 좋겠다

나를 재촉하며 피어나던

사람도 때론 포스트잇처럼 홀가분했으면 좋겠다

> ZOOM, 문제 발생 시 F5키 또는
> 오른쪽 마우스 눌러 새로 고침
> 수강 완료, 꼭!!

노란색 꽃이 새로 피었다

열매를 맺는다는 것이 꽃들의 약속이다

2부

뒤늦은 곳에서 발견되는 일

판

 회색의 계란판에 달걀들이 층층이 쌓여 있다 달걀들은 깨지는 방식으로 자신을 증명하려 할 것이다

 노래진 머리를 흔들며 웅크린 아이는 다시는 안 그러겠습니다 흘림체의 반성문을 남기고 떠났다 앞으로 잘 관리하겠습니다 속수무책을 남기고 할아버지도 떠났다

 회색의 아파트처럼 꿈 위에 꿈을 층층이 쌓으며 가위눌리는 달걀들
 태어나기 전부터 아버지가 없었다 태어나면서부터 깨어지기로 예약되어 있었다 불안한 어미는 갓 낳은 무정란을 부리로 콕콕 쪼아 보지만 부화의 기미는 보이지 않았다 실금이 갔다

 실금 간 대륙이 이동한다 훔친 자동차와 오토바이와 편의점의 컵라면과 보호소, 보호소의 보호처럼 차가운 어미닭의 날개, 뱀을 물고 있는 여신의 이빨 같은 문신의 쾌감

 실금 간 달걀과 파도 더미 같은 바람이 대치 중이다
 달걀로 바위를 치듯
 장바구니 물가가 올라가듯
 무겁다, 이 판

사람들은 해변에 와서 발자국을 버리고 간다

도로가 끝나는 곳에 바다가 있다
항해를 끝낸 작은 배는 모래사장에 누웠고
연인들은 어깨를 기댄 채 모래성처럼 무너지는 중이다
목줄을 맨 강아지가 주인을 끌고 다니는 경포해변
어둠을 긁으며 파도가 온다

어둠이 길을 막을 때도 있었지만
어둠이 길을 안내할 때도 있었다
보여서 두려울 때도 있었지만
보이지 않아 두려울 때도 있었던 것처럼

흔들 그네를 타며 내려오는 어둠, 어둠이 바다와 서서히 한 몸이 되는 것을 지켜본다 한 몸은 색깔이 같다 색깔은 이념, 어둠과 바다는 이념이 같다 속을 알 수도 없고, 목숨을 걸기도 한다 꿈을 꾸기도 하고, 제 색에 맞게 모든 일을 해석하고 주입하기도 한다 어둠이 바다와 하늘을 이어 놓는다 으르렁대며 파도를 휘젓는 거인의 목소리가 하늘 끝까지 확장된다 사람들은 작아지고 보이지 않는 어둠이 터널처럼 길다

    모래사장 위의 빼곡한 발자국들
    사람들은 해변에 와서 발자국을 버리고 간다

크기도 방향도 깊이도 각각
그림자도 각각이다
누군가의 발자국을 밟지 않으면
한 발도 앞으로 나갈 수 없다
그러고 보니 산다는 것은
누군가의 발자국을 밟으며 걷는 것이다

수십 개의 달을 등으로 내 건 횟집에서 그림자가 찍힌
저녁달을 먹어야겠다

제발, 제발

눈이 내린 운동장을 걸어가던 학생 하나
제 발에 제 발이 걸려 넘어진다
창밖에서의 일이다

머리카락이 길어지자 엄마는
양 갈래로 땋은 것을 다시 하나로 묶어 주었다
그것을 최초의 합의라고 말해도 될까
땋는 동안 따가웠던 느낌을
최초의 대립이었다고 말해도 될까

학생이 넘어진 곳에
제 발을 건 발과 제 발에 걸려 넘어진 발이
뒤엉켜 있다
저 뒤엉킨 운동장 한 부분을
분쟁지역이라고 말해도 될까

몸의 절반이 그을린 개가 운동장을 어슬렁거린다
불길이 절규를 찾아내어 태울 때
죽음이 아이들을 돌보는 방식으로
맨발의 아기가 푸시시, 해안에서 꺼진다
해안의 발자국들 위에 짠물이 고이고

바람이 빠지는 얼음 조각 위에서
퍼즐처럼 조각난 대륙의 한쪽을 붙들고 있는 북극곰
북극곰의 어리둥절한 발이, 발을 동동 구르며 녹을 때
제 발을 건 종교와 제 발에 걸려 넘어진 종교가
긴 행렬을 끌고 가는 진창

제발, 제발
두 손 모으는 일
지구 안에서의 일이다

엉킨 머리카락을 빗어놓으면
처마 밑으로 떨어지는 빗방울처럼 가지런하다
떨어질 곳을 분명히 알면
뒤엉킨 구름도 저렇게 가지런히 떨어지는 것이다

푸들푸들

아이를 따라 불안한 눈빛 하나가
학교에 왔다
며칠째 이곳을 떠나지 못하는
저 곱슬은 어쩌다 주인을 잃어버렸을까
아니면 버려졌을까

아직 주인을 알아볼 줄 몰라서
누구든 졸졸 따라다니며
만나는 사람마다 주인을 청하는 것이다
사람을 따라가다 또 다른 사람을 만나면
재빨리 사람을 바꾼다
하루종일 쉼 없이 뛰어다녀 보지만
그 많은 사람 중
주인은 없다

앞발을 들어 올리며 푸들푸들
허겁지겁 물그릇이 푸들푸들
책상 아래 방석에서 낑낑대는 잠을 청하며
푸들, 푸들

길을 잃고

버려지고
자기가 자신의 주인이 되지 못하는
사람들이여

빗줄기는 푸들푸들 내리고
털 비린내 나는 오후에도 주인은 없다
웅크린 잠이 주인
아직 젖지 않은 보송보송한
방석 한 장이 저 개의 주인이다

난처

몇억 년 전의 발자국이
최근에 발견되었다
뒤쫓다 만났으면 가는 중이었을 테고
마주 오다 만났으면 오는 중이었을
너무 오래된 발자국을 발견했다고
호들갑 떤다

긴 여정은 왜 단 한 순간의 끝을 향할까
귀마개도 없이 눈보라 속을 걸어가는 공룡들
손 없는 것들에게
손과 마음을 써야 하는 때가 왔다면
좌표도 없는 방향은
참 난처했을 것이다
발자국에 연대측정기가 들어가고
줄자와 고고학자와
쥐라기와 백악기와 엄청난 재앙이 들어가고도
멀쩡하게 남아 있는 멸종의 발자국
오는 것도 가는 것도 아닌
뒤늦은 곳에서 발견되는 일
민들레, 국화, 해바라기, 장미, 모란
마그마가 피워 놓은 바위꽃처럼

발자국도 한 번쯤
어느 방향을 향해 발견되고 싶었을 것이다

가야 할 곳과 돌아올 곳들이
물가에서의 한나절 소풍과 같다면
구름을 헤치고 햇살이 쏟아져 내리던
아주 오래전
가지 말아야 할 곳에 두고 온
내 발자국은
지금도 난처해할 것 같다

이날 이때까지

태풍 속에서 태어난 매미는 7일 동안 무슨 일을 할 수 있을까

태풍을 피해 교실로 날아든 매미 한 마리
배 주름을 접었다 펼 때마다 울음이 쏟아진다
이날 이때까지
저 매미에게 햇빛 드는 날은 며칠이나 되었을까

이날 이때까지, 라는 말끝에 울음을 터뜨린 할머니가 생각났다
이날 이때까지, 라는 말에는
새끼를 버리고 집 나간 아들 며느리가 들어 있다
손톱 밑이 닳은 시간이 허리 휘도록 들어 있고
어떻게 해야 할지 모르겠는 사춘기 손자가 들어 있다
막무가내 빗줄기처럼 쏟아지는 절규의 금禁들이
경계선처럼 버티고 서 있는데

그러니까 이날 이때는
넘기 힘든 장벽인 것이다
장벽 앞에 철퍼덕 주저앉은 두 다리인 것이다
햇빛 아래서 징하게 울어야 할 시간이

울음조차 제대로 퍼 올리지 못하고 있는 것이다

날개로 얼굴을 가리고
비바람 맞고 있을 매미처럼
아이는 아이대로 얼굴을 돌리고 창밖 어둠만 노려본다

후드득후드득
운다
시간을 통과하기 위해
어둠으로 스며드는 울음이
장대처럼, 사다리처럼 자란다

물개의 유서

물개가 나무에 오르는 시험을 본다
원숭이, 두루미, 코끼리, 개와 동일한 출발점에 섰다
너도 잘 할 수 있어, 어깨를 치는
원숭이의 웃는 표정은 모른 체하기로 한다

물개가 달리기 시험을 본다
너는 개보다 잘 달려야 해
그동안 들인 돈과 정성이 얼만데
개새끼만도 못한 녀석
현실과 환청을 오가는 소리에 물개는 귀를 막는다

내일 시험은, 날기
지느러미가 해지도록 날갯짓을 배우던 물개

그날 밤이었다
고층 아파트 창문에 매달려
손톱 밑이 까매지도록 나의 창문을 두드리던 물개
서둘러 닫아버린 꿈이어서
그 꿈속으로 다시 들어가는 길을 알지 못해서
악몽은 소름처럼 털어내야 하는 것이어서
나는 끝내 창문을 열어 주지 못했다

〈
시 쓰기와 만화 그리기를 좋아하던 물개
물개의 유서는 발견되지 않았다

구급차가 볼륨을 높이고, 전화벨이 다급해진다
시간과 장소와 현재 상황이 빠르게 전송되는 동안
퍼즐 조각을 맞춰가며 원인을 완성해 본다
가해자는 누구인가

물개는 일곱 개의 무지개로 살아서 흩어졌다
 물개가 떠난 곳을 아무도 말하지 말라는 함구령이 내려졌다

나무에 오르는 물개들, 여전히 많다
그 꿈으로 들어가 창문을 여는 방법
나는 아직 찾아내지 못했다

오대산 가는 길

죽음 앞에선 살아 있는 모든 것들이 푸르다

천년의 고목이 쓰러졌고
연두색 잎들이 둘러서서 조문하고 있다
거목이 되기 위해 나무도 속을 비워간다는 사실
쓰러진 전나무를 보고 알았다
지문이 닳듯이 나이테를 하나씩 지워가며
천년의 바람을 버티어 왔을 나무

누런 황소를 앞세우고
저녁 문지방을 넘어오던 할아버지 등처럼
꺾인 채 모로 누운 고목
팔다리 하나씩 떼어주며 고개를 넘던 나무는
걸어도 걸어도 그 자리였다

공부하러 타지로 떠나는 장손을
나무처럼 서서 한 점이 지워질 때까지 바라보시던 할아버지
그 가슴이 텅 비어 있다는 것을 나무가 쓰러진 뒤 알았다

마당 가에 거울을 내어 걸고 수염을 깎아드리며
우리 할아버지 귀엽기도 하셔라, 하면

어린아이가 되어 방긋 웃으시던 할아버지
할아버진 나이테를 지우며 지문이 다 닳은 손을
가볍게 내려놓으셨던 거다

연두색 잎처럼 그리움이 돋아나는 계절
가슴을 다 공양하고 쓰러진 고목을 만났다
월정사 전나무 숲길에서

사각지대

달리다 아차, 쳐다보는 그곳
내겐 보이지 않는 속도가
여전히 나를 따라오거나 끌려오고 있다

각도라는 것은 늘 애매해서
내 주변을 시원하게 보여주는 대신
감추고 있는 것들이 많다
나는 사각의 방 안에서
사각처럼 길들여지고
사각을 가르치며 살아왔다
그곳에는 사각지대가 구석처럼 숨어 있다
눈빛에는 뻐딱한 각도가 있고
각이 섞인 말투에는 모서리가 많다

사각지대는 사방이 문이다
어느 문이 열릴지 알 수 없는 날들은
조마조마하기도 하다
불현듯 알아차리는 일들과
뒤늦은 후회들은 늘
그 사각지대에서 튀어나오곤 했다
그래서 우리는 여차하면

사각지대, 그 난처한 방문을 받을 수 있다
가장 알아채기 힘든 곳이란
다름 아닌 나의 옆이나
두리번거리는 그 너머들이라는 것

납작하게 혹은 집요하게 따라붙던 그
사각지대
멈춰서 보면 보이지 않는다

변검

사내의 투박한 손이
얼굴을 쓸어내릴 때마다
새로운 하소연이 쏟아진다
평생 나이를 구부리고 고치고 닦으며 전전했던
단막극 배역 같은 얼굴
실제와 연기가 번갈아 다녀간다

줄 하나에 연결된 비단 가면은
깃발이 붉게 흔들릴 때마다 얼굴을 바꾼다
수십 갈래의 줄에 매달린
수십 갈래의 생

사람들은 명망의 얼굴을 좋아하지만
가면 하나 바꾸는 데 많은 시간이 필요하진 않다
평탄한 표정에 시선이 집중되는 동안
정작 얼굴을 바꿔야만 하는 그 곤궁은
쉽게 들키는 일이 아닐 것이다
그저 가면이 바뀔 때마다
탄식과 울음과
흉흉한 입담을 박수처럼 쏟아낼 뿐
〈

점점 소품에 의존하는 날들이다
배역으로 참여했던 호칭들이
가끔 혈육으로 이웃으로 들른다

거울을 보며 몇 겹의 표정을 점검한다
실밥이 툭툭 뜯어진 얼굴에선
갈아 끼운 표정들이 형형색색 드러난다
얼굴을 지운 사내에게
분장은 더 이상 필요치 않다

마드리드행

체리를 나눠 먹으며
마드리드행 열차를 기다린다

마드리드
마드리드라는 지명 안에는 리듬이 흐르고 있다
뒤꿈치를 들어 올리고
리듬의 발등 위에 나의 맨발을 올려놓으면
하얗게 부서지는 구름의 스텝

구름 한 점 없는 푸른 지중해의 하늘이
열차의 창문을 밀고 들어온다
빠르게 물러서는 풍경들은
물러선 곳에 제자리가 있겠지
와르르 쏟아진 목걸이의 구슬처럼
알알이 흩어지며 떠나가는 기억들

지느러미 같은 치맛자락을 감아올리며
플라멩코를 추던 골목길의 늙은 무희와
그녀의 스텝에 맞춰 박수를 치던 관객
지느러미 날개로 물 위를 날고
지느러미 앞발로

육지 위를 걷거나 기어다니기도 하는 물고기가
왜 이 순간 생각이 났을까
조류처럼 흔들리는 열차에 몸을 맡기고
땅거죽이 눈을 감는다

무엇을 추구하며 살아야 하나
떠나는 일은 질문을 던지는 일이어서
내 안의 두루마리 질문지를 하나씩 뽑아서 읽어본다
나지막한 산 아래 낮은 건물들이 지나가고
황무지가 지나간다

낯선 기호의 간판과
들어도 알 수 없는 이국의 말들이 암호처럼 오가는 거리
이 거리에서 나는
버스정류장처럼 외롭다

생각의 사투리

다른 생각을 만나면
나는 여의찮은 다른 생각이 된다
자명한 일
분쟁의 이분법은 일출과 일몰을 맞이하는 방식
한 열매를 거쳐 간 계절을
시고 쓰고 달게 따져 묻는 일이다

다른 생각을 만났을 때
생각에도 사투리가 있다고 여기면 안 되나
첫맛을 끝맛으로 바꾸며 가는
열매들의 자세를 배우면 안 되나
옥수수를 옥시기라
국수를 국시라 부르는
이 동네 생각은 뚝배기처럼 구수하다 말하면 안 되나

다섯 개 중 오직 하나
정답 고르는 법을 가르치고
정답에 동그라미 치며 살아왔지만
여전히 정답은 줄어들지도 달라지지도 않았다
정답으로 꽃 피고 정답으로 꽃 지는 사이
주관과 객관이 번갈아 날씨로 들 듯

다른 생각을 틀린 생각이라 말하지 말고
사투리 듣듯
그렇게 들어주면 안 되나

한 꽃, 한 열매에도 다른 이름이 있어
애광을 산사나무라 부르면
조용한 산사 한 채 마음에 들어서고
산당화를 명자나무라 부르면
개울 건너 명월 댁 맏딸, 명자 언니 생각도 나는데

멱살 잡힌 다른 동네 생각을
달팽이, 골뱅이, 다슬기 풀어주듯
그렇게 슬금슬금 강물에 놓아주면 안 되나

무이네 사막

고비사막이 지나다
슬쩍 흘려놓은 사막이 아닐까
구름에 가린 새벽이
축포처럼 햇살을 쏘아 올리고 있었다

이 사막에선 인물보다 텅 빈 배경이 중요하다고
아이들은 뒷모습만 찍으라 한다
맨발을 슬쩍 흘려놓고
뛰어가는 아이들
그 아이들과도
나무 한 그루의 그늘과도
잘 지내는 사막
무릎을 내려놓고 편하게 앉으면
모래알처럼 급하게 흘러내리던 시간들이
스스로 나를 빠져나가는 해감의 시간

해안선에서 날아온 바다의 끝에서
잘게 부서지는 사막
부서지는 것은
다시 부서지기 위해 지층으로 쌓인다
〈

잠깐의 사막 투어를 끝내고 돌아온 숙소
고양이처럼 따라와 발가락을 핥는 모래알들

오아시스나 신기루 같은 것은
차마 키울 엄두도 못 낸다
축축한 바람이 키우는 사막여우도
두 개의 등짐을 내려놓지 못하는 쌍봉낙타도
보이지 않는, 사막

가우디풍으로 짓는 집

파도의 한 자락 끊어다 집을 짓고 싶다
지구의 곳곳을 돌아오느라 지친 파도
그 풍랑을 잠재우고 싶다
직선으로만 만들어진 집을 허물고
곡선의 팔 안에 누울 수 있다면

뒤척이며 날마다 허물을 벗는 바다
허물이 만들어 낸 물결 날개를 한 필씩 끊어
비어 있는 사면의 벽에 도배하고 싶다
허물 있는 사람들이 누웠다가
파도처럼 허물을 벗고 가는 방

고딕의 높은 천장이 아니어도 괜찮다
스테인드글라스가 쏟아놓는 원색의 햇살이 아니어도
괜찮다
서로를 높여 성전의 기둥이 되게 하는 집
서로의 등을 쓰다듬으며
해바라기 울타리처럼 노랗게 익어가는 집
서툰 음정으로 부르는 노래가
웃음에 배어 햇살로 흘러나오는 집
〈

어떤 집을 지을까
직선의 모서리들이 각을 세우며 누워 있는 방에서
파도타기 하듯 출렁이는 생각
입안에 든 짠물을 뱉어내며
체리나무 두 그루가 풍경화처럼 서 있는 집을 짓다가
허물고,
또다시 짓고 허무虛無는
이 밤

학교의 봄

쏟아지는 말들을
혹은, 봄을 밀봉하는 시간
마스크를 쓰고
산수유가 피었다
까치발을 들고 쑥쑥 올라서는 봄
봄이 와도 아이들은 학교에 오지 못한다
바람 혼자 운동장의 공을 몰고 다닌다

뭉쳐야 산다는 옛말
흩어져서, 산다
흩어져서 나의 속마음에 귀를 대보고
흩어져서 너와의 거리를 가늠해 본다

아이들은 모두 어디로 흩어졌나
쉬는 종이 울려도
개나리처럼 조잘대며 쏟아지는 아이들이 없다
허리띠가 헐거워지도록 야위어 가는 봄
봄은 왔으나 봄이 아니라더니

학교의 봄은 아이들이다

3부

허공에 집을 짓는 거미처럼

그늘

그대가 떠나간 후에

내 마음은

빈터가 되었네

잡풀처럼 자라나는 그대를

뽑을 수 없네

물의 울타리
― 직탕폭포*

수평은 수직을 받쳐주는 힘이다.

물이 기둥을 세워 집을 짓는다면 물꽃 환하게 피는 울타리를 가졌을 것이다. 이 가설을 증명하듯 수평으로 서서 한꺼번에 꽃 피는 물의 울타리가 있다.

안개꽃처럼 피어나는 물꽃 앞에서 매듭 풀며 흘러가는 생각들, 주상절리 절벽을 타고 수직으로 떨어진다.

물의 울타리 안에 모여 소용돌이쳤던 탁류의 시간들, 평안하게 흐르던 물길도, 사랑도, 절벽에 매달린 물꽃처럼 툭 떨어질 때가 있다.

물의 울타리 안에서 태어난 돌덩이들은 물의 뼈, 물의 살로 만들어졌다. 스펀지처럼 숭숭 구멍 뚫린 현무암, 그 구멍 사이로 수억 년 불길이, 수억 년 물길이, 수억 년 고독이 드나들었을, 물의 알 같은 돌덩이를 들여다보다가, 이 알에선 어떤 새가 태어날까 생각하다가.

물의 신을 신고 한여울길을 걷는다. 철새에서 텃새로 변해 버린 금학산金鶴山, 그 금학산과 마주 앉은 한여울길 벤치들, 격자무늬 테이블 같은 평야를 사이에 두고 평야처럼 넓은 침묵이 흐른다. 마른 입술 비비며 물꽃같이 피어나는 이름. 그리웠다고 말하려니 눈물이 먼저 알아채고, 잊었다고 말하려니 일렬로 일어서서 폭포처럼 쏟아지는 마음, 대책도 없이 직탕으로 떨어진다.

텃새가 되어 자리 잡은 마음 하나, 물의 집을 빠져나온다. 수직으로 세웠던 물의 울타리가 수평으로 흘러간다.

* 고석정, 송대소 등과 함께 철원군에 소재해 있으며 모두 한탄강 유네스코 세계지질공원으로 등재된 주상절리 계곡임.

철원평야

걷는다
가로세로 바둑판처럼 잘 정리된 벌판을 걷다 보면
나는 바둑판 위에 놓인 검은 돌
검은 돌이 되어 놓여야 할 자리를 생각한다
너무 넓어서, 한눈에 들어오지 않는 좌표들
가로와 세로가 만나
수많은 경우의 수들이 지나간 자리는 모두
사람과 사람이 만나는 곳이었다

머리 위로 V를 그리며 한 떼의 쇠기러기가 지나간다
새들도 저녁이면 돌아갈 곳이 있는지
날아간 자리마다 거품처럼 어둠이 흘러넘친다

금학산이 지워지고
수많은 가로와 세로의 인연들이 지워지고
바둑돌을 들었다는 것조차 잊어버린 나는
돌아갈 곳을 잃은 새처럼
평야를 떠돈다

눈사람이 되지 못한 눈발을 기다리며 걷고
어둠에 홀려

순식간에 바다로 변해 버린 평야 한가운데서
한 점, 섬이 되어 출렁이기도 한다

동송읍에서 철원읍까지
직탕폭포에서 고석정까지
지평선에 닿아 있는 마을의 불빛은 모두
손 닿지 않는 끝에서 어화漁火가 된다

어화둥둥
만선을 꿈꾸는 불빛 아래
내가 선 좌표는 묘수妙手일까, 악수惡水일까
까만 바둑돌이 매끈해지도록
어둠을 둥글게 둥글게 굴리고 있는 것이다

주름잡다
— 송대소

물속에 뜬 하늘을 건져냈으나 새 한 마리 날지 않는다
물속을 오래 들여다보았으나 물고기는 없다
겨울 축제가 끝난 계곡엔 사람도 보이지 않는다

 천지인天地人 모두 비어 있는 날, 신들은 송대소의 바위를 주무르며 놀았을 것 같다 그러니까 송대소는 신들의 놀이터 계곡을 꽉 채운 주름바위들을 보니 신들은 주름 잡는 걸 참 좋아했나 보다 주름치마를 입고, 아코디언 주름을 접었다 폈다 하며 흥을 돋우는 신들, 접이식 부채를 펴서 바람을 만들 때 여신의 머리카락은 나뭇잎처럼 반짝였을 거야

 주름 잡는다는 건 한 세계를 평정했다는 말
 주름 잡는다는 건 부피를 줄였다는 말
 주름 잡는다는 건 잘 다려놓은 세월이
 곰삭은 채 녹아 있다는 말

 송대소에 서면,
 깃털 세우며 애써 몸집 부풀리던 날들이
 물결처럼 차분하게 가라앉는다
 〈

주름 없이 가는 시간이 어디 있겠는가
사람도 물결도 주름 잡으며 흘러간다

도피안사

피안에 이르는 길은 기다림의 끝에 있는지
도피안사 발끝에서
한말씀 기다리며 수백 년 수행하는 느티나무
링거 꽂은 가지 끝엔
겨우살이, 통통하게 물이 오르기 시작했다

피안을 찾아 스스로 절터를 정했다는
철조비로자나불상
피안은 보이지 않는 세상이어서
마음의 소를 타고 찾아가는 순백의 언덕이어서
녹슨 고뇌가 학저수지에 깊게 잠긴다

학저수지 둑길을 걸으면
바람무늬 주름 사이로
저녁 햇살 튕기며 튀어 오르는 물고기들
가끔은 첨벙거리는 발길을 멈춰 세우기도 한다
멈추지 못하는 마음의 배낭을 지고
오래 서성이는 걸음

빛의 종족으로 태어나 바닥을 전전하는 그림자
온종일 밟히거나 발길에 차이던 검은 사람을

둘둘 말아 쥐고 돌아서는 길

내 마음의 피안은 어디에 있는가

물결은 뚜루뚜루 운다
— 봄, 학저수지

물결은 뚜루뚜루 운다. 바람 부는 대로 몰려다니며 운다.

빗방울이 떨어지는 줄 알았다. 피라미들이 튀어 오른 자리마다 번지는 파문. 버드나무는 반짝이는 빗방울들을 오래 서서 들여다본다. 오후 여섯 시를 가리키는 햇살들이 빛살무늬 시침을 저수지에 뿌려 놓는다.

내 발걸음 소리에 놀란 청둥오리 몇 마리 날아오른다. 그럴 뜻은 아니었는데, 발꿈치를 살짝 들어올리며 걷는다.
첨벙, 참붕어 튀어 오르는 소리에 이번엔 내가 화들짝 놀라 발걸음을 멈춘다. 아마 참붕어도 그럴 뜻이 아니었을 것 같아 괜찮아, 괜찮아, 하며 걷는다.

개구리 산과 뱀 산을 지날 때, 한쪽 무릎을 꿇고 운동화 끈을 매어주던 사람의 어깨가 생각났다. '혼자 하면 노동, 둘이 하면 놀이' 리듬을 타며 놀이하듯, 달그락거리며 한세상 살고 싶었다. 선물용 리본처럼 예쁘게 묶였던 운동화 끈이 스르륵 풀려 숲으로 사라졌다. 발등이 부어올랐다.

이팝나무꽃은 아직 피지 않았다. 원추리 싹은 손가락 두 마디만큼 올라왔다. 물억새의 날개는 솜털처럼 가벼워졌다. 가벼워졌다.

* 철원군 철원읍 소재.

새들의 산책
— 여름, 학저수지

도피안사의 저녁 종소리가 느리게 발걸음을 떼어 놓는다
빠르게 돌아가는 시간은 거기 그냥 세워 두어라

종소리를 타고 허공으로 기어오르는 왕거미처럼
벤치에 누워 발가락을 까닥거리며
하늘을 바라본다
백로 한 마리, 까룩 인사하며 지나간다
백로 두 마리
서로를 희롱하며 날다 점이 되었다
구름 속으로 사라진 점
구름의 계곡 사이로 보이는 하늘은 아득하게 깊다
해 지는 저녁
우주 한 모퉁이에 누워 하늘을 바라보는 일은
허공에 집을 짓는 거미처럼 외로운 일이다

수백 마리 백로들이 난무를 펼친다
8월, 저녁 7시 무렵은
여름 날개들의 축제
내 속에서 평생 퍼덕이던 날개도
무리를 향해 날려 보낸다
원인을 알지 못하는, 들끓는 갈망과 우울이

저 하얀 날개 때문이었다

물고기가 첨벙첨벙 몸 뒤집는 소리, 풀벌레들 소리, 새들 소리, 매미 소리, 온갖 생명들이 어울려 떼창을 부른다, 귀 기울여 소리를 헤아리지만 알아들을 수 없다 각자 제 이름을 목 놓아 외치는 저 소리들은 또 다른 날개가 아닐까

목을 길게 빼고 먼 곳을 바라본다
어디쯤 날고 있을까
나의 날개여

무색의 짝, 무념이
— 가을. 학저수지

11월은 색色을 놓아 버렸다
물속에서도 말라가는 부들과 연잎들

무색無色에는 무념無念이 짝인 것 같아
아무 생각 없이 학저수지 둑방을 걷기로 한다
생각을 놓아야지 생각하면
아무 생각이나 따라와 둑길을 걷는다
아무 생각은 각이 진 경우가 많아서
나를 아프게 찌른다 그럴 때면
머리를 흔들어 각을 털어내고
찔린 내 마음을 내 마음이 쓰다듬곤 한다

줄기가 꺾인 연잎들은 쇠기러기 떼 같다
축구공을 따라 운동장을 이리저리 몰고 다니는 아이들처럼
지는 해를 몰며 물 위에서 바쁘게 뛰어다니는 기러기 떼
하늘을 나는 새도 날개를 접어야 하는 시간이 있는 것이다
먹이를 구하기 위해
내가 누구인지 다 잃어버리고 퇴근하는 날개들

저녁의 시간은 초침처럼 혼자 걷는다
〈

도피안사의 저녁 종소리가
말줄임표가 되어 허공에 점을 찍는다
허공에 찍힌 점들이 내 안에서 공명되는 시간

하늘 한 장, 줍다
— 쇠기러기가 나는 법

철원평야의 기러기 떼, V자를 그리며 늦가을 하늘을 출렁출렁 흔들어 놓습니다. 입꼬리가 올라가는 하늘, 그 입가를 훔치며 구름이 지나갑니다.

나는 운동장 가에 떨어지는 기럭기럭 소리를 주워 주머니에 담습니다. 눈송이처럼 아득한 나라의 이야기들을 통과한 울음이 주머니 안에서 바스락거립니다. 바스락거리는 나뭇잎을 밟으며 털모자를 눌러 쓴 발자국들이 아름드리나무 사이를 지나갑니다. 윤기 나는 개들이 힘차게 뛰어가고, 통나무집을 빠져나온 구름이 하늘로 퍼져나갑니다.

하늘에서 길을 찾는 기러기들, 맨 앞에서 날아가던 기러기가 지치면 스스로 뒤쪽으로 물러선다 했나요. 뒤쪽의 기러기들은 앞서가는 기러기들이 속도와 힘을 유지할 수 있도록 계속 울음소리를 낸다고 했나요.

울음으로 북돋아 주는 속도와 힘으로 성장하는 계절, 물러설 때와 나아갈 때를 가늠하며 하늘을 우러러봅니다. 뒤로 물러선 사랑, 그 울음이 나의 날개를 들어올리는 속도와 힘이었음을…,
〈

팔작지붕의 처마처럼 날개를 쫙 펴고, 목을 쭉 뺀 허공이 깊어집니다. 시리도록 새파란 하늘 한 장 주워, 책갈피 사이에 끼워 넣습니다.

꺽지처럼 풀어 놓다
— 고석정

일억 년의 시간차가 부정교합으로 삐걱인다
한 발 한 발 계단을 오르내릴 때마다
현무암과 화강암, 그 희고 검은 돌들이
소문도 없이 움직이며 충돌하는 시간을 증명한다
지층의 연대를 굳이 따지지 않았지만
아득한 시간의 깊이 속에서
티끌 같은 나를 느낀다

근육에 힘을 모아
일억 년의 시간을 뚫고 올라 온 고석처럼
운명의 문을 열고자 했던 사내, 임꺽정
물이 맑고 자갈이 많은 깨끗한 땅에서
차라리 한 마리 꺽지가 되어 살 수 있었다면
사람처럼 살고자 했던 생이
바위의 심장이 되어 서 있다

먼지와 구름과 용암의 지층을
비바람이 씻어내는 계절
소나무 몇 그루 깃발처럼 내건 고석 앞에서
한 백 년 사이를 스쳐 가는
기쁨과 슬픔, 사랑과 이별

그 아픔쯤이야
구멍 난 현무암의 가슴에서 꺼내어 놓은
까맣게 탄 단어들
물이 맑고 자갈이 깨끗한 한탄강에
꺽지처럼 풀어 놓는다

허공을 개봉하다
— 삼부연 폭포

허공을 개봉한다
가장 높은 곳의 윗물과
가장 낮은 곳의 아랫물이 만나
기둥을 세우면
그곳이 승천을 꿈꾸는 영혼들이 머무는 곳

멈추어 선 것이 아니다
떨어지고 부서져 거품이 된 물줄기
속울음으로 소(沼)를 만들며
바다로 향하는 대열을 정비하는 것이다

깨지고 부서지지 않으면
헤어 나오지 못하는 문장
깨지고 부서지지 않으면
헤어 나오지 못하는 마음

만일, 길이 아니면 길을 만들며 가리라
바위를 뚫어 물길을 바꾸며
천둥처럼 제 길을 찾아가는 삼부연
그저 바라만 보다 돌아와도
마음 그득하게 담기는 폭포 소리

장대비가 더해준 물의 살처럼
내 마음의 근육에도 힘이 생긴다

벌판

저곳은 제대로 판을 벌인 곳이다
미루나무는 몇 년째 걷고 있고
휩쓸리는 일을 두고
투명의 고래들, 뼈만 앙상하다

저곳은 앙상하고 거대한
고래들의 서식지
제각각 문을 만들어 달고
한밤에도 흰 자태를 발광시키던 고래들
미루나무 울타리가 바람을 막아가며
벌판을 키우고 있다

저 가지런한 구획들
세상 어디에 저토록 순응적인 문양으로
봄부터 늦가을까지 가지런히
가지런히 그어져 있을 수 있을까
지평선을 끌고 가며 몇 시간째 달리고 있는 중원
고래가 내뿜는 분수처럼 옥수수염 길게 늘어지는 곳
가도 가도 끝없는 제자리
제자리들은 또 어떤 척하디 착한 존재들인가
〈

달밤에 온통 달빛을 먹어 치우고
때로는 제 몸을 찢어 흰 물보라를 일으킨다
저 고래의 내부는
봄부터 여름까지 뜨겁다

흰 뼈의 고래들
쓸쓸한 겨울 벌판을 유영할 것이다
보름달을 가득 실은 수레가 천천히
집으로 돌아가고 있다

4부

새를 키우는 이유

턴테이블 돌리는 사내

 빗소리를 잘라 넣고 찌개를 끓인다. 해감을 토한 오후가 길게 하품을 하고 빗소리는 거세진다. 창밖 체리나무가 수직으로 젖고 있다. 숟가락으로 맛보는 국물에서는 덜 익은 구름 냄새가 난다.

 사진 속 그 사내가 생각났다. 헤드셋을 쓰고 두 눈을 감은 채 인덕션을 턴테이블 삼아 맨손으로 돌리던 남자. 턴테이블은 붉게 닳아 올랐고, 반쯤 탄 그의 손은 검게 변해 있었다.

 조금 열어 놓았던 창문을 닫는다. 감자, 호박, 두부, 굳이 순서를 따지지 않는다. 뚝뚝 잘라 넣은 빗소리는 잘 끓고 있다.

 냉장고에 보관 중인 빗줄기로 기타 줄을 만들었다. 요란하게 울리는 기타의 볼륨을 낮추고, 그 사내를 바라보았다. 양손으로 헤드셋을 잡고 있는 그는 여전히 끓고 있는 중이다. 바닥부터 끓어 넘치는 빗소리들은 저녁의 가장자리에 얼룩을 남겼다. 수북하게 쌓인 재는 치우지 않기로 했다.

손의 감정

손의 감정은 직진이다

두 팔 벌려 포옹하고 등을 토닥일 때
맛있는 음식을 그 앞으로 밀어놓으며
쭈욱 찢은 김치를 밥 위에 얹어 줄 때
언 손을 꼬옥 잡고 입김으로 녹여 줄 때
손은 말보다, 마음보다 먼저 마음으로 직진한다

오른손과 왼손이 스치기만 하였을 뿐인데
입술보다 먼저 사랑을 눈치채는 손
눈치가 빠른 손의 심장은 빨갛게 달아오르며 요동친다

두 손을 이마에 대고 기도할 때
두 손을 흔들며 배웅할 때
두 손을 비비며 허리 숙일 때
두 손을 높여 손뼉 칠 때
아, 두 손으로 책상을 치며 일어설 때

손은 기쁨과 슬픔, 분노와 모욕의 힘으로 마디가 굵어진다

TV 리모컨을 쥔 채 소파에서 혼자 잠이 들 때

왼손이 오른손을 주무르며 잠에서 깨어날 때

손의 감정은 노을처럼 쓸쓸하게 저물어 간다

새를 키우는 이유

공원에서 새장을 든 노인을 만났다
지상에서의 일생이 서서히 구겨지고
느릿느릿해진 노인의 손엔
포르르 하늘 한 귀퉁이가
새장 이쪽저쪽을 날고 있었다

새를 키우는 일은 하늘을 얻기 위함이 아닐까 지상에서의 손발을 버리고 공중의 날갯짓을 배우려는 것이 아닐까 빗방울보다도 높게 온갖 흩어지는 것들보다도 높게, 높게 날아올라 영영 하늘 한 귀퉁이 속으로 사라지는 법을 배우려는 것이 아닐까

자신의 손끝을 조금씩 떼어 먹이며 새를 돌보는 노인
언젠가 새장을 박차고 날아오를
하늘 한 귀퉁이를 깃털구름으로 살찌우고 있었다

휘젓는 팔을 겨우 따라잡는 노인의 걸음, 이제 저 노인에게 남은 길이란 헐렁하게 등이 굽은 셔츠의 뒷모습만 비치는 거울 같은 것

조롱鳥籠을 움켜쥔 손

지상에서의 온갖 조롱과 모욕을 견딘 손
깃털처럼 말라 있다

날아가야 할 허공의 깊이를 바라보며 가쁜 숨 몰아쉴 때마다
늑골 같은 새장의 문은 조금씩 열리고 하얀 새 한 마리 머리를 내민다

깎아 놓은 손톱 끝이
빗방울보다 높게 낮달로 떠 있다

들깨 모종

비의 예보를 밀어내고
햇살이 폭우처럼 쏟아진다

건기의 유전자를 가진 70대 80대 아주머니 몇 분이 들깨 모종을 위해 춘천에서 후동리까지 원정을 왔다 보자기가 달린 모자를 어깨까지 눌러쓰고 스티로폼 의자를 엉덩이에 매단 채 각자 주어진 분량의 주름을 채워나간다 건기의 세포들이 밭고랑으로 확장되는 것이다

제주도까지 가서 당근도 심고 마늘도 심었다는 83세 아주머니, 품삯을 받아 임플란트를 했다며 의치를 하얗게 드러낸다

심자마자 허리를 꺾는 들깨 모종
고무호스를 끌고 나와 물을 뿌려대지만
땡볕의 유전자는 쇠비름처럼 질기다
밭고랑에 심어놓은 모종들이 늘어 간다는 것은
말라가는 것들이 늘어난다는 것

도대체 수지가 맞지 않는다고 투덜대보지만, 아버진 올해도 들깨 모종을 강행하신다 건기의 땡볕을 몇 뿌리씩

모아 쥐고 밭고랑을 판다
 생각해보면, 수지가 맞지 않는 것이 어디 들깨 농사뿐이겠는가 수지가 맞지 않는 자식 농사를 팔십 평생 지어오신 아버지 아닌가

 햇살 부스러기처럼 망초 꽃잎 떨어지고
 빗소리를 끼워 넣은 옥수수 잎사귀가
 미동도 없이 서걱인다

사혈

햇볕 고였던 곳에서
작약 싹 삐죽삐죽 솟는다
언젠가 사혈 침 맞던 어머니 무릎에서 솟던
피처럼
시큰거리는 계절 다 지나고
욱신욱신 쑤시던 봄의 무릎마다
붉은 싹들이 돋는다

지난겨울은 참 많이도 추웠다
바람이 엉키고 휘어지는 밭둑마다
견디지 못하고 주저앉은 뿌리들
삐걱삐걱 결리던 곳마다
삐죽삐죽 솟는 종종걸음과 어머니의 야무진 손끝
들어 있다
곡식이 자라는 여름 내내
무릎은 한 뼘이나 되는 뿌리를
시큰시큰 키웠겠지

손가락을 모아 봄의 팔목에 대어보면
바쁘게 뛰기 시작하는 맥박
어머니의 몸 같은 흙더미를 두 손으로 짚고

작약 싹 올라온다
욱신거리고 뒤틀어진 목질 끝에서
모란꽃은 덩달아 함박 피어나고
연둣빛 산등성이 자벌레처럼 꿈틀거린다

주저앉은 뿌리에도
제 색깔의 피가 돌기 시작한다

삼각별

거푸집에서 갓 태어난 별을
방파제 끝에서 쌓고 있는 인부들
거대한 기중기가 움직일 때마다
별들은 얽히고설킨다

얽히고설킨 그 별들은 파도를 달래서
돌려보내는 역할을 한다
지구가 출렁거리고
넘칠 듯 넘치지 않는 물의 창고
파도들은 저 삼각별에 와서 잘게 부서질 것이다

문득 저 하늘에도 저런 별 촘촘히 쌓여 있어
지구의 세파가 은하 근처까지
밀려갔다 흩어지는 건 아닐까
까마귀 울음처럼 어두운 밤이 오면
창가에 기대어 나를 바라보는 별
저 별에는 파도처럼 쉬지 않는 이름이 산다
얽히고설킨 끝으로 잘살고 있다는 안도가
테트라포드처럼 쌓여 있지만
아득히 수평선으로 지워지는 갈매기
그 갈매기처럼 해풍을 타는 하루의 점점들도

저 먼 별까지 밀려갔다 되돌아온다
사이렌의 음높이로 높아졌다 떨어지는 사람
어깨를 두드리며 잠 못 드는 불빛
모두 거푸집 안에 접어 넣는다

울렁거렸던 일이나
출렁거렸던 일들
잠잠히 가라앉혔던 일들 되돌아보면
그곳, 그때마다 삼각별
아득한 미궁의 역할들이었음을 알겠다

생명의 나무

 그의 등에서 나이테가 자랍니다. 정오의 고양이처럼 가늘게 눈을 뜬 나이테들, 연못의 수심처럼 깊기도 합니다. 조약돌 하나만 던져도 온몸에 주름이 퍼져나갑니다. 주름을 펴며 그녀를 감싸 안은 그의 옷자락은 대지에 뿌리를 내립니다. 고개를 젖힌 그녀의 입술은 닫혀 있는데, 팔에서는 꽃송이가 돋아납니다. 가지 하나가 뻗어나가다 달팽이 집처럼 도르르 말립니다. 땅속에서부터 팡팡 터지는 물방울들이 가지 끝을 향해 달음질치다가 가만히 눈을 뜨고 밖을 내다봅니다.

 TV도 컴퓨터도 없는 방에 크림트의 '생명의 나무' 한 그루 걸어 놓았습니다. 퇴근 후, 그것을 들여다보는 것이 일과가 되었습니다. 찻잔의 온기를 감싸 쥐고, 소용돌이치는 무언가가 두려워 나는 달팽이 집이 되었다가, 미로가 되었다가 원을 그리며 춤추는 무희의 손끝이 되기도 합니다.

 덩굴손처럼 뻗어나가는 가지를 흔들어 봅니다. 빨간 자두가 와르르 쏟아집니다. 그는 바구니 가득 자두를 담아 그녀의 치마폭에 부어 줍니다. 붉은 물이 스며 나오는 치마폭을 움켜쥐고 그녀는 어디론가 뛰어갑니다. 돌부리에 걸려 넘어진 무릎에서 자두의 단맛이 스며 나옵니다.

〈

 점점 좁게 점점 좁게 노래를 부르며 달팽이 집 같은 가지를 자꾸 흔들어 봅니다. 황금 이파리들이 쨍그랑쨍그랑 쏟아져 나옵니다. 황금 이파리들의 첫맛은 늘 달기만 합니다. 가난이 싫다고 황금을 찾아 떠나간 그는 이 방에 숨겨둔 황금을 영영 찾지 못할 것입니다.

 가지들은 흔드는 이 없어도 자라납니다. 그 끝을 들여다보면 최면에 걸리는 것 같습니다. 잠자리의 눈을 향해 손가락으로 원을 그리며 다가가 날개 낚아채듯 그는 나의 마음을 낚아채서 손가락 사이에 끼고 사라집니다. 꿈틀거리는 팔다리에서 꽃송이들이 쏟아집니다.

 꽃송이들의 춤을 무희는 흉내 내고 있습니다. 발끝을 움직일 때마다 긴 치맛자락에서 삼각의 물결이 출렁입니다. 물결은 돛단배가 되어 돌아옵니다. 풀벌레 소리가 배를 쓰다듬으며 함께 춤을 춥니다.

 무희의 춤은 어디에서 멈출까요. 사랑은 늘 벼랑 끝에 서는 일이어서, 벼랑 끝에 피는 꽃처럼 아름다운 것이어서, 그 어떤 키스도 두렵지 않나 봅니다. 잘려 나간 가지들이 기억을 비벼 털 때, 턴테이블 같은 나이테에서는 뿌리가 보내준 음악이 흘러나오기도 합니다. 날개를 덮고 잠이 든 까마귀 잠 속으로 돌돌 말린 음악이 들어갑니다. 땅속에서부터 팡팡 피어나는 꽃송이들이 가지 끝을 향해 달음질치다가 가만히 눈을 뜨는 계절입니다.

건반악기

공지천의 풍경이 내려다보이는 진료실
아버지는 손가락을 입에 넣어
여기저기 아픈 곳을 설명하고 있다
엑스레이에 찍힌 하얀 건반들
흔들리거나 빠진 건반에서
음들이 웅얼거린다

무명실을 내 앞니에 감아 힘껏 당기던 아버지의 손에는 눈물이 쏙 빠진 초승달이 매달려 있었다 지붕 위에 던졌던 그 초승달을 물고 간 까마귀는 밤마다 살이 찌는 하얀 달을 등에 업고 키웠다 아버지의 잇몸뼈는 달그림자로 음영 처리가 되었다

거실 구석을 우두커니 차지하거나
잠이 늘어가는 덩치 큰 건반악기
어금니가 빠진 건반과 현이 끊어진 조율을 한다

초록색 면포를 덮은 얼굴에서
톱날 같은 신음이 쏟아지는 것이다
오선의 거친 손마디를 가만히 잡아 보면
낮은음자리표에 걸터앉은 아버지의 등이
하현달처럼 굽어 보인다

베르그송의 시간

느티나무에 얼굴을 묻고
열까지 소리 내어 세는 사이
아이들은 모두 어디로 사라졌나
다 숨었니? 묻던 자리엔
딱새들이 집을 지었다

술래보다 먼저 집에 도착하면 살 수도 있겠지
몸에 손을 대자 바람인형처럼 죽는 아이들
숨은 자의 시간과 찾는 자의 시간은
따로 도는 팽이 같아서
뛰쳐나와서 살아난 아이들
엉덩이를 툭툭 털며 웃는다

옷장 속 아이는 뒷문을 열고 빠져나간 지 오래다
하얀 고양이 털이 옷자락에 묻어 잠깐 흔들릴 뿐이다

깜박 졸음이 쏟아지는 사이, 자두나무 숲에서 길을 잃었다 풀을 베고 있던 사내를 만나 어두운 조명 아래 감자 먹는 사람들 틈으로 들어갔다 리본을 단 여인이 내미는 감자는 언제나 딱딱하고 목이 메었다 마을을 몰고 다니는 아이들 웃음소리가 자두 꽃잎으로 흩어진다

〈
보이지 않는 술래
나뭇잎에 몸의 색을 맞추고 있을까
술래의 숫자를 세던 자리에 카메라를 들이대자
새들은 화르륵 놀라 달아난다

묻던 곳
텅 빈 집이 되었다

골무 신봉자들

손가락 끝엔 굴욕이 묻어 있다
그 손가락 끝을 바늘로 찌르고 본
한 방울의 피
무수한 방울이 내 속에 있다는 것을 알게 됐다
그런 내 속이, 자잘한 방울들이
꽉꽉 터지고 튀는 상상을 했다

골무 신봉자들 모임에 참석했다
물집과 굳은살의 체험담을 들었다
옹이가 지고 뒤틀린 나뭇가지 손가락
그 손가락 끝에서 피어난 꽃과 열매들이
주된 간증이었다

간증이 늘어가는 신앙처럼
통성의 기도 시간이 길어지고
골무는 손가락에서 빠질 줄 몰랐다
미로 같은 등고선의 지문도 희미해졌다
풀빛이거나 흙빛 손톱 끝에서
종잇장처럼 많은 날과 사건이 넘어가고
바늘귀처럼 좁은 길이 흘러나왔다
〈

열 손가락마다 혐의를 저당 잡히고
등고선의 계곡에서 길을 잃기도 하며
맹수를 달래는 숲의 날인
미로를 빠져나와 힘없이 떨어진 손가락
오늘, 내 안의 무수한 방울들
쉼 없이 터지고 있다

사이프러스 나무

기도하는 나무
온몸이
가지런하게 모은 두 손을 닮아서
지나가는 시인이 그렇게 이름 붙여주었다

나무의 생을 타고났으니
앉을 수도 누울 수도 없는 노릇
더욱이 순례자의 행렬을 이어갈 수도 없다
다만, 기도가 힘이라 생각했다면
사이프러스 나무는 아무것도 두려울 게 없겠다

톨레도 대성당 가는 길
말 잘 듣는 아이들처럼 줄 맞춰 서서
기도하는 나무가 있다
날개가 하얀 새 한 마리 키우지 못하고
새들의 노래도 깃들지 못하는 나무
밀밭의 손을 잡고
주먹만 한 별들만 키워가는 나무

그 나무 그늘에 앉아 첼로를 연주하는 할아버지
수염이 오선의 바람을 타고 있다

발걸음을 멈추고 서서 연주를 듣다가
각자의 모국어로 노래를 부르는 여행객들
- 아름다운 저 바다와 그리운 그 빛난 햇빛
그 햇빛 아래
그리운 것들의 목록이 울컥울컥 쏟아진다

사이프러스의 소실점 끝
뚝뚝 떨어지는 검은 햇볕이
일상의 허물을 벗고 새처럼 날아오른다
순례자의 발길이 구름 떼로 날아가는 시간이다

나비경첩

지금은 장식품이 된 엄마의 반닫이에
나비경첩 달려 있다
그렇다면 꽃잎에 앉은 나비는
꽃 피는 일과 꽃 지는 일 사이를 지키는
생물의 경첩일까

한참 앉았던 나비가 날아가고
활짝 열린 꽃의 내부

꽃과 나비는 같은 계절
엄마에게 나는 꽃이었는지 몰라
날개에 못을 박아가며 지키고 싶었던
환하게 피우고 싶었던 꽃

이 꽃에서 저 꽃으로 가볍게 옮겨 앉는 나비처럼 이승에서 저승으로 속절없이 자리를 바꿔 앉던 서른아홉 살의 엄마, 그날 반닫이의 나비도 날아오르려 했을까

꽃 한 송이에 나비 한 마리
임시로 꼭 닫고 있는 문처럼
한 쌍의 계절

나비들이 떠난 후
여름은 분분해지고
다시 가을이 차곡차곡 접힌다

나비가 날아간 반닫이 속
접힌 채 낡아가는 옥빛 치마저고리 한 벌

그 많던 우물들

땅, 그 지상의 높이를 차고 오르던
지하의 시원함, 그 많던 우물들은
다 어느 옛날로 복개되고 폐정되었나

제단처럼 쌓인 돌담 안을 가만히 들여다보면
밤이 들어 있거나
물고기 비늘이 들어 있거나
보름달이 가득 들어 있어
우물은 다른 세상으로 향하는 출입구 같기도 하였다
마르는 것으로 신성을 내세우기도 했던
우리들의 착한 종교

우물처럼 까만 김밥을 통으로 들고 먹으며
야근하다 내다 본 하늘 또한 우물이다
밤이 늦도록 내가 우물을 파는 것은
단지 물만 길어 올리기 위함이 아니다
도달하지 못한, 그 목마른 세상에 대한 도전이다
어느 곳을, 얼마만큼, 언제까지 파야 할지
속내를 드러내지 않는 우물은
간절한 자에게만 보이는 신기루 같은 것이다
〈

많이 퍼 올릴수록 맛이 좋아진다는 우물
내가 밤마다 퍼 올리는 詩는 어떤 맛을 지녔을까
동네에서 사라져버린 우물처럼
마르거나 복개되는 것은 아닌지
밤늦도록 불안의 우물을 퍼 올리기도 하는 것이다

이쯤 혹은 저쯤으로 추측되는 우물자리
첨벙, 두레박 던지는 소리에
밤하늘 별이 깜빡 켜지기도 하는 것이다

■ 해 설

풍경의 부피와 질감

이재복(문학평론가, 한양대 교수)

  송연숙의 『사람들은 해변에 와서 발자국을 버리고 간다』
는 다양한 풍경으로 가득하다. 이 풍경은 단순한 보여짐의
대상을 넘어 일정한 부피와 질감을 지닌 하나의 존재로 드러
난다. 시적 대상이 존재성을 띠고 그것이 부피와 질감을 지
닌다는 것은 그만큼 시적 대상에 대한 시인의 의식이 단선적
이지 않다는 것을 의미한다. 시인의 의식과 시적 대상이 만나
하나의 풍경이 잉태된다고 할 때 여기에서 중요한 것은 시적
대상에 대한 시인의 의식이 '살아 있음'이다. 시인의 의식과
시적 대상이 긴장tension 관계를 유지하는 것, 이로 인해 시적
대상이 은폐하고 있는 것이 하나의 풍경으로 드러날 때 우리
는 여기에서 살아 있음을 체험하게 되는 것이다.
  송연숙의 시에는 이러한 긴장 혹은 풍경이 존재한다. 그녀

의 시에서 먼저 주목하게 하는 것은 시간에 대한 시인의 의식이다. 시간은 존재의 토대를 이루는 질료이다. 존재란 곧 시간이라고 해도 과언이 아니다. 이 시간 속에는 자연스럽게 공간이 내재해 있고 이것이 부피감을 이루면서 존재가 하나의 풍경으로 드러나는 것이다. 하지만 이 시간은 모든 이에게 주어진 것이지만 그것에 대한 의식은 각각 다르게 나타난다. 이 시 속에 드러난 시간이란 시인의 주관적인 의식의 산물이다. 시간에 대한 자의식의 정도는 개인에 따라 다르고 그 다름이 시인의 고유한 풍경을 만들어낸다. 송연숙 시인의 시간에 대한 의식은 민감할 뿐만 아니라 단발적인 감정의 차원을 넘어 지속적인 흐름의 차원으로 존재한다.

시간에 대한 민감한 자의식은 인간의 유한함에서 비롯된 것이다. 인간 생명 혹은 삶의 유한함에 대해 그것을 연장하고 싶은 욕망은 늘 있어 왔지만 그 방법에는 사람마다 차이를 드러낸다. 시인은 과도한 욕망보다는 그것을 자연의 일부로 받아들이면서 이 과정에서 자신이 미처 모르고 있던 사실, 다시 말하면 시간의 이면에 은폐되어 있던 사실을 발견하거나 깨닫는 모습을 보여준다. 특히 이 발견과 깨달음은 시인의 삶과 긴밀하게 연결되어 있다는 점에서 진정성을 띤다. 시간의 흐름을 자연의 일부로 받아들이는 경우 그것은 시간을 생성과 소멸이라는 순환의 차원에서 바라보고 있다는 것을 말해준다. 소멸이 끝이 아니라 또 다른 생성을 위한 과정이라는 것을 관념이 아닌 실재하는 삶의 차원에서 발견하고 깨달음으로써 시인의 세계에 대한 인식은 그만큼 깊어지고 또 넓어지게 된다. 가령 「오대산 가는 길」에서 시인은

죽음 앞에선 살아 있는 모든 것들이 푸르다

천년의 고목이 쓰러졌고
연두색 잎들이 둘러서서 조문하고 있다
거목이 되기 위해 나무도 속을 비워간다는 사실
쓰러진 전나무를 보고 알았다
지문이 닳듯이 나이테를 하나씩 지워가며
천년의 바람을 버티어 왔을 나무

… (중략) …

공부하러 타지로 떠나는 장손을
나무처럼 서서 한 점이 지워질 때까지 바라보시던 할아버지
그 가슴이 텅 비어 있다는 것을 나무가 쓰러진 뒤 알았다

라고 고백하고 있다. 생성과 소멸을 '고목의 쓰러짐'과 '할아버지의 죽음'을 연결시키면서 시인은 "장손을" 위해 "가슴이 텅 비어"버린 "할아버지"의 모습을 "고목"의 텅 빔에다

비유하고 있다. '고목'과 '할아버지'를 통해 드러나는 생성과 소멸의 모습은 시인으로 하여금 새로운 발견과 깨달음을 체험하게 한다.

시 속의 "그 가슴이 텅 비어 있다는 것을 나무가 쓰러진 뒤 알았다"에서처럼 생성과 소멸의 과정에서 드러나는 시인의 발견과 깨달음에 대한 진술은 「무색의 짝, 무념이」와 「사이프러스 나무」에서도 그대로 드러난다. 「무색의 짝, 무념이」에서 시인은

저녁의 시간은 초침처럼 혼자 걷는다

도피안사의 저녁 종소리가
말줄임표가 되어 허공에 점을 찍는다
허공에 찍힌 점들이 내 안에서 공명되는 시간

이라고 말한다. 또한 「사이프러스 나무」에서 시인은

사이프러스의 소실점 끝
뚝뚝 떨어지는 검은 햇볕이
일상의 허물을 벗고 새처럼 날아오른다
순례자의 발길이 구름 떼로 날아가는 시간이다

라고 진술하고 있다. 이 두 시에 공통으로 나타나고 있는 것은 자신을 억압하고 있는 삶 혹은 일상의 시간으로부터 벗어나 자유와 해방의 시간을 느끼고 자각하는 순간의 모습이라고 할 수 있다. "도피안사"와 "허공에 찍힌 점들이 내 안에서 공명되는 시간"이 잘 말해주듯이 시인은 속세의 번뇌를 없애고 열반의 경지에 오르려는 태도를 드러낸다. "도피안사의 저녁 종소리"를 매개로 "허공"의 존재를 발견하고 그것이 "내 안에서 공명"하게 되는 시간을 갖게 되었다는 것은 이러한 일련의 과정이 존재로서의 부피와 질감을 지니게 되었다는 것을 의미한다. 이것은 「사이프러스 나무」에서도 그대로 나타난다. "일상의 허물을 벗고 새처럼 날아오른다"에서 알 수 있듯이 그것은 어떤 해탈의 경지에서의 시간을 표상한다고 할 수 있다.

이처럼 『사람들은 해변에 와서 발자국을 버리고 간다』는 생성과 소멸을 통해 시간이 자아내는 풍경의 부피와 질감을 잘 보여주고 있다. 그런데 시인이 보여주고 있는 풍경은 시간뿐만 아니라 숨김과 드러냄, 모순과 역설, 빛과 그림자, 관계의 아름다움 같은 존재론적인 구도를 통해 보여주고 있다. 존재의 차원에서 보면 그것은 숨김과 드러냄의 구도를 지닐 수밖에 없다. 그러나 우리는 드러냄에 초점을 맞추어 그것을 존재의 본질인 양 생각해온 것이 사실이다. 그 결과 눈에 보이지 않는, 숨겨진 세계에 대해서는 크게 주목

하지 않았다. 시인의 시에서는 이 숨겨진 세계에 대한 섬세한 탐색이 엿보인다. 숨겨진 세계란 시인의 의식이 깨어 있지 않으면 드러나지 않는 세계이다. 시인의 의식이 낡았거나 개념화된 상태에서는 불가능하고, 그것이 어떤 대상과 직접적으로 만날 때 드러나는 것이 바로 은폐된 세계이다. 이 은폐된 세계가 탈은폐 될 때 비로소 풍경은 존재성을 지니게 되는 것이다.

> 각도라는 것은 늘 애매해서
> 내 주변을 시원하게 보여주는 대신
> 감추고 있는 것들이 많다
> 나는 사각의 방 안에서
> 사각처럼 길들여지고
> 사각을 가르치며 살아왔다
> 그곳에는 사각지대가 구석처럼 숨어 있다
> 눈빛에는 삐딱한 각도가 있고
> 각이 섞인 말투에는 모서리가 많다
>
> … (중략) …
>
> 납작하게 혹은 집요하게 따라붙던 그
> 사각지대

멈춰서 보면 보이지 않는다

— 「사각지대」 부분

시인이 주의attention를 기울이고 있는 것은 "사각지대"이다. 이 "사각" 혹은 "각도"로 인해 시인은 그 세계 내에서만 보고 인식할 수 있었던 것이다. 이것은 드러나지 않는 은폐된 세계를 말하는 것이다. 지금 시인은 그러한 인식 태도에 대한 반성과 성찰을 통해 그 은폐된 세계를 들추어내기 위한 방법적 모색을 단행하고 있다. 은폐된 "사각지대"를 발견하는 것은 세계의 불완전한 면을 복원(회복)하는 것에 다름 아니다. 이러한 "사각지대"의 복원 없이 눈에 보이는 세계만으로는 존재의 온전함, 다시 말하면 세계의 부피감과 질감이 제대로 드러날 수 없다. 우리는 종종 은폐된 세계의 복원 대신 드러난 세계에 가면을 씌워 그것이 온전한 세계라고 거짓 위장하기도 한다. 이것은 마치 "변검"(「변검」)에서 수시로 "몇 겹의 표정을" 바꿔가면서 연기를 하는 것과 다르지 않다. 아무리 연기를 해도 그것은 진짜 내 얼굴이 아니다. 진짜 내 얼굴은 "변검"이 은폐하고 있는 나의 맨얼굴이 드러날 때 비로소 존재하게 되는 것이다. 시인 역시 그것을 잘 알고 있기에 "분장은 더 이상 필요치 않다"고 말한다.

세계 내에 존재하는 풍경의 부피감과 질감은 이렇게 은폐하고 있는 것을 들추어낼 때 드러나기도 하지만 또한 그것은 세계가 모순과 역설의 구도를 지니고 있다는 사실을 자각할 때 드러나기도 한다. 우리가 놓여 있는 세계가 단선적이지 않다는 것을 자각하는 일은 현대 혹은 현대성을 발견하는 데에 무엇보다도 중요하다. 하지만 모순과 역설은 현대의 구조에만 특징적으로 나타나는 것은 아니다. 그것은 본질적으로 세계가 지니고 있는 구조적인 특성이다. 우리는 이 구조를 일상이나 현실에서 어렵지 않게 발견할 수 있다. 가령 봄, 여름, 가을, 겨울의 순환 속에서도 모순과 역설은 내재해 있다. 겨울에서 봄으로 이행하는 과정, 즉 죽음에서 탄생으로 이행하는 과정은 그 자체로 모순되고 또 역설적이다. 우리가 살고 있는 세계가 이렇게 모순과 역설로 이루어져 있다는 사실을 자각함으로써 우리는 세계를 평면이 아닌 입체적으로 인식하게 되는 것이다. 사계절의 구도 내에 은폐되어 있는 모순과 역설처럼 그것은 우리의 삶 혹은 일상 곳곳에 내재해 있다. 가령

> 심자마자 허리를 꺾는 들깨 모종
> 고무호스를 끌고 나와 물을 뿌려대지만
> 땡볕의 유전자는 쇠비름처럼 질기다
> 밭고랑에 심어놓은 모종들이 늘어 간다는 것은
> 말라가는 것들이 늘어난다는 것
>
> ― 「들깨 모종」 부분

에서 우리가 발견하는 것 역시 모순과 역설이다. "모종들이 늘어 간다는 것"과 "말라가는 것들이 늘어난다는 것"은 모순이다. 한쪽은 새로운 생명을 키우는 것이고 다른 한쪽은 생명이 소멸하는 것이라는 점에서 이것은 분명 모순된 현상을 나타낸다고 할 수 있다. 생성이 곧 소멸이라는 이 모순된 현상은 "들깨 모종"에 국한된 것이 아니라 생명 등 존재 일반이 지니고 있는 보편적인 현상으로 볼 수 있다. "죽음 앞에선 살아 있는 모든 것들이 푸르다"(「오대산 가는 길」)나 "많이 퍼 올릴수록 맛이 좋아진다"(「그 많던 우물들」) 그리고 "주름 잡는다는 건 부피를 줄였다"(「주름 잡다―송대소」)는 말속에 내재해 있는 것이 바로 그것이다. 특히 (「새를 키우는 이유」)에서 "노인"과 "새"의 관계를 통해 드러나는 세계는 빛과 그림자의 이미지를 강렬하게 환기하면서 모순과 역설의 아름다움에 닿아 있다.

> 자신의 손끝을 조금씩 떼어 먹이며 새를 돌보는 노인
> 언젠가 새장을 박차고 날아오를
> 하늘 한 귀퉁이를 깃털구름으로 살찌우고 있었다
>
> 휘젓는 팔을 겨우 따라잡는 노인의 걸음, 이제 저 노인에게 남은 길이란 헐렁하게 등이 굽은 셔츠의 뒷모습만 비치는 거울 같은 것

〈

조롱鳥籠을 움켜쥔 손
지상에서의 온갖 조롱과 모욕을 견딘 손
깃털처럼 말라 있다

  시 속의 "노인"은 "지상에서의 일생이 서서히 구겨지고" 있는 존재이다. 언제 죽음과 소멸이라는 실존적인 상황을 맞이할지도 모르는 노인의 모습은 존재의 어두운 면, 칼 융 식으로 이야기하면 그것은 '그림자'를 강하게 환기한다. 노인에 비해 시 속의 "새"는 존재의 밝은 면을 환기한다. 여기에서의 문제는 "노인"이 "새"를 기르고 있는 데에 있다. "노인"은 그 "새"가 "새장을 박차고 날아올"라 "깃털"처럼 가볍게 날아오르는 순간을 꿈꾸고 있다. 이것은 "노인"이 그림자와 빛을 동시에 지니고 있다는 것을 의미한다. 빛과 그림자가 동시에 존재하는 이 모순과 역설의 구도가 강렬하면 강렬할수록 "노인"을 둘러싼 삶의 풍경은 더욱 두터워지고 숭고해질 수밖에 없다. 어쩌면 이러한 모순과 역설은 존재가 드러내는 의미심장한 한 풍경인지도 모른다. 존재가 드러내는 풍경의 두터움은 이런 모순과 역설 같은 원리에 의해 성립된다고 볼 수 있다. 하지만 풍경의 두터움은 모순과 역설뿐만 아니라 그것을 넘어 보다 다양한 차원에서 이루어진다. 어떤 존재를 관계와 연결 지어 살펴보면 풍경은 보다 새롭고 심원한 의미 차원으로 해석되기에 이른다.

관계의 심원함은 시 속에서 여러 차원에서 제시되고 있다. 그 중 대표적인 것이 '텅 빔'의 차원에서 이루어지는 심원함과 운명 혹은 숙명의 차원에서 이루어지는 심원함이다. 먼저 전자의 경우는 주로 공간적인 이미지를 통해 형상화되고 있다. 공간에 투사하는 시인의 의식이 텅 빔을 지향한다는 것은 기본적으로 관계의 성격을 자연이나 우주와 같은 시공 차원에서 상상한다는 것을 의미한다. 자연이나 우주 차원에서의 텅 빔은 없는 것이 아니라 너무 크고 깊기 때문에 우리가 인지할 수 없는 세계를 전제로 한다. 가령 「철원평야」에서 시인이

> 눈사람이 되지 못한 눈발을 기다리며 걷고
> 어둠에 홀려
> 순식간에 바다로 변해 버린 평야 한가운데서
> 한 점, 섬이 되어 출렁이기도 한다

라고 한 것이나 「주름 잡다―송대소」에서

> 송대소에 서면,
> 깃털 세우며 애써 몸집 부풀리던 날들이
> 물결처럼 차분하게 가라앉는다

라고 한 것 그리고 「벌판」에서

> 흰 뼈의 고래들,
> 쓸쓸한 겨울 벌판을 유영할 것이다
> 보름달을 가득 실은 수레가 천천히
> 집으로 돌아가고 있다

라고 한 것 등은 모두 자연이나 우주 차원에서 텅 빔을 전제로 시인의 의식이 만들어낸 표현들이라고 할 수 있다. 이 방법은 시인뿐만 아니라 오래전부터 우리 시인들이 사용해온 방식이라는 점에서 역사적인 문맥성을 지닌다.

텅 빈 존재성은 모든 것을 다 담을 수 있다는 점에서 풍경의 새로움과 심원함을 발생시킨다. 텅 빔의 상태에서 시인의 의식은 세계를 향해 열려 있게 된다. 시인이 노래하고 있는 이런 공간은 시인에게 친숙한 공간이다. 이것은 이 공간에 대한 의식이 텅 빔의 상태로 열려 있지 않으면 낡고 인습화된 상상의 차원에 머물 수 있다는 것을 말해준다. 텅 빈 의식의 상태에서는 우리에게 익숙한 것들도 낯설게 인식될 수 있는 계기가 마련된다. 시인이 "철원평야"에서 "바다"와 "섬"을 상상하고, "송대소"에 "주름"과 "물결"을 상상한 것, "벌판"에서 "흰 뼈의 고래들"을 상상한 것 등은 이런 텅 빈 의식, 곧 세계에 대한 열린 의식의 소산이라고 할 수 있다.

관계가 빚어내는 아름다움은 '운명'이나 '숙명'과 같은 보다 근원적인 것들을 통해서도 드러난다. 운명과 숙명은 인연이 만들어낸 관계의 산물이라고 할 수 있다. 이 우주에 존재하는 모든 것들의 관계가 인연이라면 세상에 우연이라는 것은 존재할 수 없다. '나'의 탄생과 죽음, 삶의 과정에서 경험한 모든 것들이 필연적으로 그렇게 될 수밖에 없는 것이라면 세상에 무의미한 관계라는 것은 존재하지 않는다고 할 수 있다. 하지만 우리는 이 관계의 혹은 인연의 무게를 느끼지 못하거나 그 의미를 망각할 때가 많다. 여기에 대해 이런 태도를 보이게 되면 이 관계가 은폐하고 있는 낯설고 심원한 세계를 발견할 수 없게 된다. 시인의 남다름은 그것을 그냥 대수롭지 않게 여기지 않고 여기에 특별한 주의와 감정을 투사한 데에 있다. 시인은 어머니가 남기고 간 "나비경첩"에 자신의 의식을 투사한다.

> 지금은 장식품이 된 엄마의 반닫이에
> 나비경첩 달려 있다
> 그렇다면 꽃잎에 앉은 나비는
> 꽃 피는 일과 꽃 지는 일 사이를 지키는
> 생물의 경첩일까
>
> 한참 앉았던 나비가 날아가고

활짝 열린 꽃의 내부

꽃과 나비는 같은 계절

엄마에게 나는 꽃이었는지 몰라

날개에 못을 박아가며 지키고 싶었던,

환하게 피우고 싶었던 꽃

- 「나비경첩」 부분

  시인이 "엄마"의 "나비경첩"에서 발견한 것은 "나"와 "엄마"의 관계이다. 시인은 "나"를 "꽃"에 "엄마"를 "나비"로 치환한다. 시인이 발견한 "나비"는 "꽃"을 "환하게 피우고 싶었던" 그런 존재이다. "나비"와 "꽃" 혹은 "나"와 "엄마"는 둘이 아닌, '불이$_{不二}$'의 관계로 존재한다. 이 관계를 "나"는 "엄마"가 떠난 후, "엄마"의 "나비경첩"을 통해 발견한 것이다. 이것은 시 속의 "나"가 "엄마"에 대해 '주의$_{attention}$'를 기울임으로써 그동안 은폐되어 있던 어머니의 존재성이 드러난 것이라고 할 수 있다. 시 속의 "나"와 "엄마"처럼 우리는 너무 친밀하기 때문에 그 관계에 대해 의식 차원의 주의를 기울이지 않는 것이 사실이다. 상대에 대해 잘 알고 있다고 생각하지만 주의를 기울이지 않은 의식의 상태에서의 관계는 피상적인 차원의 이해에 머물 수밖에 없다. 시 속의 "나"처럼 주의를 기울인 상태에서 만나게 되는 "엄마"는 그동안 깨어 있지 않은 상태에서 알고 있는 "엄마"가 더 이상 아닌 것이다. 즉

"엄마"에 대한 낯설게 하기가 이루어진 것이다.

  시인이 그려낸 풍경은 평면적이지 않다. 이것은 시적 대상을 존재의 차원에서 상상한 데서 기인한다. 존재는 개념이나 도구화된 의식으로 드러나는 것이 아니라 대상과의 직접적인 만남을 통해 드러나는 것이다. 시인의 의식은 시간뿐만 아니라 숨김과 드러냄, 모순과 역설, 빛과 그림자, 관계의 아름다움 같은 존재론적인 구도를 통해 시적 대상에 투사되고 있다. 그 결과 시인이 그려내고 있는 존재 혹은 그 풍경은 일정한 부피와 질감을 지닌다. 시의 아름다움은 시적 대상이 얼마나 존재에 가까운가에 달려 있다. 시인이 시적 대상에 투사하는 의식의 직접성, 다시 말하면 개념이나 도구화되지 않은 언어를 얼마나 발견하느냐에 달려 있다. 이런 점에서 "사람들은 해변에 와서 발자국을 버리고 간다"라고 한 것이 존재에 대한 성찰로 읽히는 것은 어쩌면 당연한 것인지도 모른다. '버리고 간 발자국'이 하나의 의미 있는 상징으로 혹은 하나의 의미 있는 풍경의 발견으로 남기를 기대하며……. 아름다움은 이런 상징과 풍경의 발견으로부터 비롯된다는 믿음은 그래서 시적인 것이다.

송 연 숙

춘천 출생

강원대학교 및 동 대학원 졸업

2016년 『시와표현』 등단

2019년 강원일보, 국민일보 신춘문예 당선

시집 『측백나무 울타리』

　　『사람들은 해변에 와서 발자국을 버리고 간다』

purengang@hanmail.net